SOCIÉTÉ PHRÉNOLOGIQUE DE PARIS.

COMMUNICATION

FAITE A LA SOCIÉTÉ,

DANS SA SÉANCE DU 23 JANVIER 1837,

SUR LA

MÉTHODE D'ENSEIGNEMENT

QUE SUIT M. LE COLONEL RAUCOURT

Dans le *Cours gratuit d'éducation positive* qu'il fait pour les ouvriers, à la mairie du 3e arrondissement;

Par le professeur BROUSSAIS, président.

Messieurs,

Entre les réflexions que nous eûmes l'honneur de soumettre à la Société, dans la séance dernière, se trouvait la suivante, qui constituait, à proprement parler, l'idée-mère de notre discours : « C'est en apprenant à l'homme à se connaître et à se servir de son intelligence pour gouverner son moral, que la phrénologie peut concourir à l'amélioration des mœurs. » Nous pouvons vous citer en preuve de cette assertion les succès de M. le colonel Raucourt, ancien élève de l'école Polytechnique, ingénieur des ponts et chaussées, et qui fait maintenant partie de cette réunion des anciens élèves de l'école, qui travaillent à propager gratuitement l'instruction utile parmi les classes ouvrières.

« Tandis que ses confrères s'occupent à donner aux ouvriers les moyens de perfectionner leur industrie, M. Raucourt cherche à les éclairer sur la partie morale de leur existence, dit M. le baron de Silvestre dans un rapport

qu'il a fait à l'Académie des sciences sur un ouvrage publié par cet officier, et intitulé *Traité d'éducation positive*. Il a pour but de faire reconnaître aux ouvriers, suivant le même rapport, que la plupart des maux ne sont que factices, et de leur faire apprécier, *d'après les dispositions philosophiques de leur être*, quelles sont les sources incontestables de leurs véritables besoins, afin d'en déduire des préceptes positifs qui puissent servir de base à leur conduite.

« L'auteur cherche à prouver que ce n'est pas, comme on l'a pensé jusqu'à présent, dans la santé, la puissance, l'instruction, etc., que l'on doit chercher le bonheur, mais qu'on le trouve dans la connaissance de soi-même, dans le *savoir-choisir* parmi toutes les sensations possibles de l'homme existant, vivant, sentant, aimant et pensant; c'est le *savoir-choisir* qu'il nomme *éducation positive*. D'après ce principe, M. Raucourt a dû attacher beaucoup d'importance à la connaissance de la physiologie.... Il cherche à familiariser ses auditeurs avec les différentes fonctions des organes, soit en personnifiant ceux-ci, soit en assimilant leurs opérations à des faits naturels dont les ouvriers qui l'écoutent ont dû plus d'une fois être témoins. »

Si nous cherchons les *fonctions des organes* de M. Raucourt, voici ce que nous trouvons dans le même rapport : « Aux cinq sens communément connus et décrits, l'auteur en ajoute un sixième qu'il appelle l'*entente*. Dans les six sens, trois sont immédiats, le toucher, le goût, l'odorat; deux sont médiats, l'ouïe et la vue; un est conventionnel, l'*entente*. Chaque sens est un moyen de perception particulier, propre à transmettre les impressions extérieures à l'appareil encéphalique; le sentiment naît des sensations, les sensations se fortifient par l'usage et s'affaiblissent par l'abus.

« C'est sur l'emploi judicieux de ces divers agents que

l'auteur fonde le bonheur auquel il est possible d'atteindre, et il pense que c'est du choix et de la modération dans les désirs, du bon emploi du temps et de l'extrême tolérance que nous avons le plus besoin pour vivre heureux. »

Nous vous avons cité les termes de ce rapport, parce que M. Raucourt lui-même les cite dans son *Exposé historique du cours d'éducation positive*, qu'il a fait imprimer (1837) comme contenant la substance de sa doctrine, et parce qu'il qualifie ce rapport de *consciencieux*. Jusqu'à présent, vous n'y trouvez guère que du vague et, en apparence, point de phrénologie. Mais attendez, le rapport avec notre science va ressortir. Observez d'abord que M. Raucourt déclare que l'éducation de son sixième sens est très-difficile à faire ; aussi est-ce l'objet principal de son éducation positive ; il travaille sans relâche à le perfectionner contre les aberrations auxquelles il est trop commun de le voir exposé.

Vous pouvez déjà juger par cet aveu que le sixième sens ou l'*entente* de M. Raucourt n'est autre chose que la faculté de comparer et de juger, à laquelle nous assignons un organe particulier dans le cerveau, et dont il n'est point convenable de faire un sens ; mais suspendons la critique.

Comment M. Raucourt est-il arrivé à placer le bonheur dans l'exercice du jugement, au lieu de le laisser là où l'opinion commune l'avait placé, dans les émotions agréables? Il a d'abord jugé des autres par lui-même, et cru que tout le monde devait se complaire comme lui dans l'observation et la direction de son moral. Toutefois, quand il a voulu expliquer sa doctrine à différents personnages éminents, à des ministres, etc., il n'a point été compris, d'après son aveu. Et en effet, toutes les personnes, excepté ses élèves, à qui nous en avons parlé, nous ont dit ne point le comprendre, quoique plusieurs d'entre elles admirassent ses résultats. Ce qui va suivre fera peut-être mieux saisir sa méthode.

Depuis long-temps M. Raucourt se trouvait lié avec le Père Enfantin, élevé, comme lui, dans les principes positifs de l'école Polytechnique. Tous deux voulaient se donner une mission d'amélioration dans l'ordre social. Malgré tous ses efforts, M. Raucourt ne put faire goûter sa méthode à cet ancien ami. Enfantin abandonna le positif et se jeta dans le saint-simonisme, dont il devint le pontife. Après l'avoir blâmé, M. Raucourt voulut être témoin de ses travaux; il assista à l'une de ces brillantes soirées qui ont fait courir tout Paris; il vit des salons dorés, un bal élégant, de brillantes illuminations; il entendit le concert spirituel et des discussions pleines d'imagination, même de bon sens et de *maturité*, sur les hautes questions sociales. Ce spectacle ne lui fut pas indifférent, il applaudit aux succès de son ami, car, *quoique reculées, ses doctrines lui parurent évidemment un progrès sur le vieux passé*; mais il lui dit qu'il espérait être plus utile que lui à l'humanité, car les *croyances se succèdent*, car elles *prêchent la concorde* et *font naître les révolutions*, *les guerres*, *tandis que les sciences n'égarent personne et trouvent en tout lieu leur opportunité*. M. Raucourt retourna donc à ses cours populaires, dans une salle noire, appartenant à la municipalité des Petits-Pères, mal fermée, mal chauffée, avec un auditoire tout composé d'ouvriers. Il continue ensuite en ces termes, bien dignes d'être remarqués :

« Et tandis que la haute société, la population brillante fermait l'oreille à l'éducation positive, en pensant reconstituer une civilisation universelle avec des doctrines qui, depuis trois mille ans, jouissent du privilége de diviser l'humanité, ce pauvre peuple, plus avancé qu'on ne le pense, écoutait avec fruit cette philosophie pratique qui lui donnait la première de toutes les libertés, en l'arrachant à la tyrannie de ses passions; et quand je l'entendais applaudir avec enthousiasme aux démonstrations claires que tous les vices des humains, tous les maux de la sociabilité étaient le fruit de son ignorance, je restais convaincu que mes efforts pour le bonheur du genre humain ne seraient pas vains, et que ce peuple qui m'écoutait serait un auxiliaire assez puissant pour ne pas laisser mon œuvre en chemin, si j'en puis bien juger par la déclaration suivante. »

Suit une déclaration des élèves du *cours gratuit d'éducation positive*, où l'on remarque le passage ci-après : « Les élèves qui ont suivi, etc..... année 1832..... déclarent que, depuis le moment où ils ont entendu les leçons de ce véritable ami du peuple, ils ont éprouvé un changement extraordinaire dans *leur manière de voir*, au point que, fort à plaindre et très-mécontents de leur sort, ils sont parvenus, sans que rien soit changé à leur position matérielle, à se trouver aussi calmes, aussi satisfaits, qu'ils avaient été agités et malheureux. »

Cette déclaration tendrait à établir que l'homme trouve de la jouissance à mettre sa raison en accord avec les sentiments supérieurs de son moral. C'est, du moins, ce que nous suggèrent nos notions phrénologiques ; mais, pour nous en assurer, consultons les lettres des élèves de M. Raucourt, en particulier. La première qu'il rapporte, lettre vingt, est d'un homme qui ne goûte pas sa méthode : « A trop choisir souvent on se trompe, lui écrit-il ; il ne suffit pas d'indiquer aux hommes ce qu'ils doivent suivre ou éviter, il faut encore indiquer les moyens d'y parvenir, » et ce dernier point lui paraît impossible.

M. Raucourt répondit alors qu'il les donnait, ces moyens ; mais il regarde l'auteur de la lettre « comme un de ces hommes malheureux qui ne peuvent trouver le bonheur nulle part, pour ne plus accorder créance à personne, si ce n'est à l'être pensant qui est en eux pour les dominer et les tourmenter. » Si M. Raucourt eût été phrénologiste, il aurait su pourquoi cet homme est malheu eux, et n'aurait pas employé les expressions vagues et obscures de l'*être pensant qui est en eux pour les dominer et les tourmenter;* car il aurait compris que l'organe par lequel se manifeste cet être pensant est conformé chez eux autrement que chez ceux qui *lui ont accordé créance*, ou qu'il est dominé par des impulsions qui l'empêchent d'agir librement. Mais nous verrons plus tard qu'il pourrait en trouver bien d'autres en opposition avec sa doctrine. Passons à ses adhérents.

L'auteur de la lettre vingt-un avoue que depuis quatre ou cinq mois qu'il lit son ouvrage, il vaut mieux; il n'est pas exempt de défauts, mais il en a corrigé plusieurs qu'il avait, et l'éducation positive lui en a fait découvrir d'autres qui logeaient dans son intérieur, sans qu'il s'en aperçût.

On voit par celui-là que M. Raucourt exerce ses élèves à s'observer, et qu'il y prennent du goût. Le même se plaint d'être dominé par l'impatience, et lui demande les moyens de s'en rendre maître. Le professeur répond que l'impatience pervertit le sens et n'est jamais d'une utilité réelle. C'est ce que tout le monde sait et répète; mais il ajoute que, lorsqu'on s'y abandonne, ce n'est plus le *moi* qui agit, que l'esprit est conduit par l'animalité, et que l'une des bonnes manières de combattre les *activités du corps*, c'est d'*apprendre à les distinguer* et à rendre l'*âme présente* quand elles se développent. Ces paroles nous donnent une idée claire de sa méthode.

Dans la lettre vingt-deux, un sellier lui déclare qu'avant de l'avoir suivi il n'était jamais content de son sort, qu'il s'en prenait à tout le monde. Maintenant il se trouve satisfait de sa position et ne désire désormais que vivre. Né obligeant, il a souvent été dupe, mais présentement il pardonne à ceux qui l'ont trompé, puisqu'il reconnaît que ce ne pouvaient être que *leurs âmes secondaires* qui les guidaient et dont *ils n'étaient pas maîtres*. M. Raucourt répond que cet homme a beaucoup gagné en *apprenant à se connaître*; que sans être meilleur il est devenu plus sage dans ses actes, parce qu'il est attentif à tout, que toutes les applications qu'il fait de sa vie *sont toujours raisonnées*.

L'auteur de la lettre vingt-trois se félicite d'être devenu maître de son irascibilité en s'exerçant à s'observer, et d'avoir ajourné, jusqu'après des épreuves suffisantes, un projet de mariage dont il avait espéré le bonheur.... On voit qu'il s'agit toujours du même procédé... L'auteur, qui garde l'anonyme, demande au professeur la permission d'insérer dans un ouvrage historique de philosophie où il traite de la puissance morale, un passage qu'il cite et où l'on trouve ces mots : « M. Raucourt prouve d'une manière incontes-
« table que le pouvoir, les dignités, les richesses, les
« honneurs et la science elle-même, ne peuvent seuls pro-
« curer et répandre le bonheur, et que ces avantages,
« s'ils ne sont vivifiés et soutenus par la puissance morale,
« ne seront qu'une illusion fatigante et pénible pour celui
« qui les possèdera, et que bientôt ils lui deviendront fu-
« nestes. »

La même idée se retrouve dans la lettre vingt-quatre : l'auteur se dit convaincu que le bonheur n'est pas dans la puissance, la fortune, l'instruction et la santé. *Elles* peuvent servir au bonheur comme au malheur, mais *elles* ne procurent le bien-être qu'à condition que le *moi* soit intelligent, c'est-à-dire qu'il sache bien exercer le *savoir-choisir* qu'on n'acquiert que par l'éducation positive.... « Avant de vous connaître, ajoute-t-il, je ne voyais à espérer dans cette vie que quelques éclairs de plaisirs, semés de loin en loin, et le reste occupé par de longues tribulations. Aujourd'hui tout est changé, je n'entrevois point de terme à la félicité que l'on peut atteindre, et si parfois elle est troublée, je m'en attribue personnellement la faute, persuadé que je suis d'avoir mal employé l'éducation positive. » . . . .

M. Raucourt, à cette occasion, dit qu'on les voit renoncer tous aux discussions politiques, aux vanités, à l'envie de la richesse. La vie était pour eux une suite de maux, mais l'éducation positive la leur montre remplie d'espérances ; si leur *mal arrive*, ils ne s'en prennent plus au gouvernement, ni au clergé, ni à autrui, mais à eux-mêmes, c'est-à-dire aux *activités secondaires* dont les fascinations ont troublé accidentellement leur repos. . . . . . .

L'auteur de la lettre vingt-cinq lui écrit : « Comme vous, j'ai toujours pensé que la vanité est la source des principaux malheurs qui affligent l'humanité. S'il n'y avait pas de vanité, il y aurait moins de misère ; sans ce *fol* amour-propre, on ne verrait presque jamais de querelle. »

On voit toujours que le professeur arme l'intelligence, non-seulement contre les instincts, mais encore contre tous les sentiments qui peuvent troubler le bonheur de la classe ouvrière. . . . .

Le même regarde ce qu'on appelle *gloire* comme ce qu'il y a au monde de plus immoral, comme *une prime accordée à l'assassinat*. Il pense que les cordons et les titres sont une chose ridicule et même contre nature, puisque les hommes sont égaux ; il voudrait que M. Raucourt répétât la scène de ce prétendu sage qui jetait son or à la mer. Mais le professeur répond judicieusement que toutes les fois qu'une chose quelconque a de la valeur parmi les hommes, et qu'on veut leur être utile, il faut s'en servir pour les aider. Il prévoit une époque où le peuple aura assez de bon sens, de souvenir et de vertu pour reconnaître lui-même les services réels qu'on lui a rendus, sans qu'il soit besoin de les lui rappeler par des insignes ; il pense qu'alors les décorations tomberont d'elles-mêmes, et il ne restera plus que les fous, les vaniteux et les enfants pour les porter. Jusque-là, il faut les tolérer.

Il n'y a pas, selon nous, assez de connaissance de la tête humaine, dans cette assertion, qui d'ailleurs est loin d'être neuve. On y rencontre aussi une fausse supposition; car si dans un village le bienfaiteur, le protecteur du pauvre est facilement distingué, il n'en est plus ainsi dans une grande ville, dans une armée, etc. A ce compte, les chefs militaires n'auraient plus besoin des insignes de leur grade... Quoi qu'il en soit, on retrouve encore, dans l'aveu de l'auteur de la lettre, les conséquences de la surveillance soutenue de l'intelligence sur les instincts et sur les sentiments. Or, c'est le fait que nous cherchons à constater.

Dans la lettre vingt-six, l'ouvrier se félicite d'avoir réprimé la gourmandise et l'intempérance, en vertu des préceptes de l'éducation positive, et d'avoir fait ainsi des économies, qui lui sont une assurance contre le malheur. Heureux l'homme chez qui la raison peut ainsi comprimer les élans perturbateurs des instincts! Notre jeune homme, parvenu à vingt-sept ans, n'ignorait pas que la sobriété ménage la bourse; M. Raucourt n'a pu lui rien apprendre sous ce rapport; toutefois, cet ouvrier commettait toujours des excès dans la bonne chère. Comment donc le philanthrope l'a-t-il corrigé? En le forçant à réfléchir aux conséquences de ces mêmes excès, sur lesquelles il s'obstinait à fermer les yeux, c'est-à-dire en armant son intelligence contre ses passions.

Certes, ce résultat n'est point rare dans l'école de M. Raucourt, car il dit en note : « La lecture de cette lettre fit impression dans mon auditoire. Nombre de voix s'élevèrent pour annoncer les mêmes résultats; mangeant moins, dépensant moins, tous pensaient et travaillaient davantage. » Il ajoute : « On n'est pas humilié en faisant l'aveu de ses fautes, car le *moi* ne peut pas faire de fautes (proposition qui est bien loin d'être vraie). Elles (les fautes) sont l'effet des *âmes secondaires*, aux influences desquelles on est glorieux de s'arracher.... Ce *moi divin* doit donner le bonheur et la véritable indépendance.... Par l'exemple de M. N...., des actions déplorables, des *folies d'organes* m'ont été révélées, avec l'accent d'une raison supérieure, par des hommes qui ne pouvaient concevoir les illusions, l'*ignorance* fatale qui les avaient si long-temps entraînés. »

Le même ouvrier communique son journal, où il se rend compte de ses actions. On y voit que, découragé de n'avoir pu obtenir la main d'une jeune personne, il prit le parti de se donner une maîtresse; mais il avoue que cette nouvelle conquête devint bientôt fatigante : il ne trouvait auprès d'elle, après quelques jours de la lune de miel, qu'ennui et tristesse. Il sentait en lui un vide qu'elle était loin de remplir.... Il devient ici fort évident que le besoin de la pensée et de la réflexion sur les conséquences des impulsions instinctives, sentimentales, et des actions qu'elles entraînent, ne pouvait être satisfait avec cette fille qui n'y était point exercée comme son amant, et qui d'ailleurs n'avait que trop de motifs pour ne pas s'y abandonner; leçon précieuse pour les instituteurs des jeunes personnes, qui devraient enfin sentir la nécessité d'exercer leurs facultés réflectives sur les conséquences des actes dont elles ont le goût bien prononcé, au lieu de se borner à les dresser au beau style par de vaines amplifications qu'ils leur donnent à rédiger, et à leur faire parcourir des abrégés d'histoires, dénués de toute considération morale. En les accoutumant de bonne heure à la réflexion, on en ferait des femmes raisonnables, capables de remplir les vides que l'homme trouve si souvent auprès de son épouse, lorsqu'il ne peut s'engager dans des conversations sur la toilette, et qu'il n'est pas question de s'enthousiasmer avec elle sur les beaux-arts.

Voici d'autres réflexions tirées du même journal, qui feront encore mieux ressortir les résultats de la méthode. Jadis, l'auteur de la même lettre ne pouvait se suffire à lui-même. Ses travaux terminés, il recherchait des distractions (toujours plus ou moins préjudiciables à sa fortune et à son repos). Aujourd'hui, il n'a jamais assez de temps pour réfléchir sur sa conduite et pour y faire prendre goût à ceux avec lesquels il est en relation... Il s'aperçoit qu'il est moins propre à ce travail lorsqu'il s'est abandonné à l'intempérance... De là la sobriété et l'économie.... Exerçant continuellement l'*être pensant*, il s'aperçoit que l'*être aimant* ne peut avoir beaucoup d'influence... Ce n'est ni dans les spectacles, ni dans les guinguettes, ni dans toutes les parties qu'il faisait autrefois, qu'il trouve le moyen d'être heureux : une réunion de vrais amis, une gaîté franche et sans apprêts, des applications du temps, dans ces réunions, à des choses utiles, voilà ce qu'il lui faut désormais... Jamais il n'avait été constant dans ses anciens projets, qui ne duraient que quelques semaines, et voilà quatre mois qu'il sent en lui s'accroître de jour en jour le goût pour l'éducation positive... Il vient de découvrir une jeune personne dont l'alliance semble lui convenir, la famille s'y prêterait ; jadis il eût saisi l'occasion aux cheveux ; mais aujourd'hui que le *maître est toujours présent* et que rien ne s'exécute sans avoir touché les connaissances voulues par la sagesse, il prend du temps pour réfléchir à cet engagement.

Pour obtenir les résultats dont ses auditeurs font l'aveu, M. Raucourt paraît s'être borné à les avertir que l'*âme raisonnable* a pour adversaires constants et toujours actifs les *sensations organiques*, qu'il nomme aussi les *âmes se-*

condaires, et dont l'ensemble constitue ce qu'il appelle l'*animalité*.... Et notez qu'à la manière de Cabanis, il en place l'origine dans le cœur, dans l'estomac, dans les organes sexuels; c'est ainsi qu'il fait entrer la physiologie dans sa doctrine. Il a fait rougir ses ouvriers des écarts auxquels les expose cette paresse, cette faiblesse de leur faculté intelligente qui laisse dominer les appétits des viscères; il a suscité en eux un amour-propre spécial, celui de ne pas succomber aux suggestions des organes; il a donné pour aliment à cet amour-propre, d'un côté, tous les avantages qui résultent, dans la condition où le sort les a placés, d'une conduite réglée; de l'autre, la conscience d'une supériorité réelle de la raison, qui est propre à l'homme, sur les mouvements de la chair, qui lui sont communs avec les animaux.

Le *savoir-choisir* consiste, pour ses élèves, dans l'habitude qu'ils contractent par un exercice soutenu, de démêler les conséquences de toutes les impulsions qui les portent à agir, soit sur le monde extérieur, soit sur eux-mêmes. En effet, loin de chercher à se les dissimuler, comme il est d'usage parmi le peuple, les élèves de M. Raucourt sont exercés par lui-même à les découvrir. Ces conséquences sont donc tous les jours mieux senties, et les motifs de repousser certaines suggestions et d'en écouter d'autres acquièrent incessamment pour eux un nouveau poids. Voilà le *savoir-choisir*.

Remarquez bien, messieurs, que le but de cette lutte continuelle de l'intelligence contre les instincts n'est ni de plaire à la divinité, ni de se rendre digne des béatitudes d'une vie future.

M. Raucourt aura sans doute observé que ce motif, qui est celui des croyants, n'avait de puissance que chez la minorité des hommes du peuple. Il leur est en effet très-difficile de se représenter Dieu, parce qu'ils le modèlent toujours sur l'homme puissant, sur le monarque; de se figurer les jouissances du ciel, parce qu'ils ne connaissent que celles de la terre, et surtout parce que les expressions dont on se sert pour leur donner la notion de ce bonheur sont obscures, obscurité qui vient manifestement des efforts inutiles que font les ministres des cultes pour que cette félicité ne ressemble point à celle de ce monde. Évidemment, c'est pour suppléer à la représentation imparfaite d'un bonheur dont personne n'a eu l'exemple, que le culte catholique emploie le chant, la musique avec toutes ses émotions, la majesté des édifices, les décorations, la peinture, les illuminations, les prédications enthousiastes. Mais rappelez-vous que notre philosophe *positif* n'a repoussé les saint-simoniens que parce qu'ils recouraient aux charmes de ces prestiges. Il a senti que le principal effet de ces illusions était de comprimer la réflexion en donnant l'essor à certains sentiments; mais, sans se bien rendre compte de ces sentiments, que les phrénologistes seuls auraient pu lui faire connaître, il les a rejetés comme inefficaces pour son objet. Il n'a point voulu que les ouvriers s'écartassent de leur simplicité habituelle, et pour les améliorer il ne leur a suggéré que des motifs puisés dans la réflexion s'exerçant sur des faits sensibles. En effet, tout le monde connaît les animaux et leurs passions brutales, et nul n'existe, dans notre espèce, qui ne répugne à se voir assimilé à la brute. Nous voulons, avant tout, être ce que la nature nous a faits, des hommes, c'est-à-dire des êtres raisonnables. Eh bien! pour y parvenir, il faut d'abord que nous sachions distinguer les facultés qui nous font hommes, de celles qui nous confondent avec les animaux. Or, c'est là précisément le but des distinctions que M. Raucourt a établies dans nos facultés, en rapportant les unes aux sensations animales et les autres à l'âme raisonnable. Il n'est point allé au-delà, puisqu'il n'a tenu aucun compte des sentiments qui ouvrent l'accès aux illusions, et de certains autres encore que les phrénologistes seuls auraient pu lui révéler. Il n'a eu pour objet que de procurer la prédominance à l'âme raisonnable; et dans ce but, il la met continuellement en activité.

Voilà tout son secret; et, encore une fois, le nom de *positive* qu'il donne à sa philosophie indique assez qu'il la fonde, non sur des fictions, mais sur des faits qui sont à la portée de tous les sens et par conséquent de toutes les intelligences qui l'écoutent; tels sont les avantages d'une conduite régulière, sous les rapports de leurs moyens d'existence et de ceux de leur famille; tel est aussi l'état de calme et de paix qui résulte pour les ouvriers du soin constant d'écarter toute discussion politique et religieuse, toute prétention à des jouissances d'amour-propre et de vanité, qui d'ailleurs leur sont interdites par leur position dans la société.

Cette éducation peut avoir de bons résultats dans la classe à laquelle M. Raucourt s'est adressé, mais elle ne saurait être celle de toutes les conditions. Ce professeur veut imposer silence à des instincts, à des sentiments qui sont dans l'homme. Il réussit à les réduire à l'inactivité dans une classe où ils ne peuvent pas être satisfaits. Mais qu'il essaie sa méthode sur les classes élevées, sur celles que la fortune et l'éducation ont mises à même de satisfaire les besoins de la vanité, de l'ambition, des décorations, du pouvoir, il ne réussira pas. De tels hommes se riront de sa philosophie positive. Si l'intelligence de ses ouvriers consent à repousser les impulsions de l'amour-propre, de la gloire, du désir de dominer, c'est qu'elle comprend d'abord qu'elle aurait plus à perdre qu'à gagner en les écoutant; mais en sera-t-il ainsi de l'intelligence des jeunes gens nés dans l'opulence, accoutumés, par leur genre d'éducation, à partager idéalement les jouissances des personnages éminents de l'histoire, entretenus dans ces illusions par le spectacle des puissants et des riches dont leur position les rapproche, et dont ils s'exagèrent les félicités ? En ser .-t-il ainsi de l'intelligence des hommes faits qui ont déjà savouré ces félicités et qui n'en ont point été dégoûtés par les amertumes qui les accompagnent ?

Non, messieurs, et mille fois non, car aussitôt que l'intelligence aura entrevu la possibilité d'obtenir les jouissances attachées aux conditions supérieures, elle s'arrêtera sur la contemplation idéale de ces biens, en raison directe du développement organique des instincts et des sentiments que la position de chacun peut satisfaire.

Cela doit être, messieurs, puisque l'homme est organisé pour vivre en société, et puisque l'état social exige des hiérarchies. Qui dédommagerait l'homme puissant des fatigues, des soucis dévorants du pouvoir, si le pouvoir ne lui procurait des jouissances ? Certes, si de tels stimulants manquaient à l'espèce humaine, l'état social ne serait pas ce que nous le voyons. S'il y a des ambitieux, des orgueilleux, des vaniteux, c'est que notre organisation physique le veut ainsi. Mais M. Raucourt n'a garde d'en faire l'aveu à ses auditeurs ; son but serait manqué, chacun d'eux se dirait, comme dans les temps de révolution et d'anarchie : « Puisque je suis homme, j'ai droit à toutes les jouissances de mes semblables. »

Ce philanthrope ne leur dévoile donc pas tous les ressorts du moral humain. Il s'étudie à proportionner leurs désirs à leur position sociale, et c'est là tout.

Mais, messieurs, cette éducation n'est pas celle qui convient à tous les hommes ; il en faut une plus large et qui s'adresse à toutes les conditions. Or, la phrénologie est la seule science qui puisse la donner. Il ne s'agit pas de dire à ceux qui sont nés dans de hautes positions ou qui sont organisés et éduqués de manière à pouvoir les obtenir par le travail ; il ne s'agit pas de leur dire : *la richesse, les hon-*

neurs, *les décorations*, *le pouvoir*, *ne sont pas des biens désirables*. On ne les persuaderait pas, et vous en avez vu la raison. Il faut leur avouer franchement que ces choses sont des biens, puisqu'elles peuvent contribuer au bonheur commun, et leur expliquer aussitôt à quelles conditions et dans quelle mesure il est permis d'en jouir. Mais pour les convaincre sur ces points, il n'est nécessaire de recourir, ni aux lieux communs de la morale vulgaire qui ne repose que sur l'intérêt, sans tenir compte des exigences des sentiments supérieurs, ni aux déclamations du rationalisme psychologique qui ne se repaît que de chimères produites par la réalisation des mots, ni aux sermons inspirés par les illusions merveilleuses des cultes antiques, car le merveilleux ne tient pas devant la raison. Tout cela ne peut que défigurer, dénaturer le moral humain, en lui refusant ce qu'il a, en lui prêtant ce qu'il n'a pas, en confondant, bouleversant tous les attributs qui le constituent ce qu'il est. Il s'agit de les puiser, ces attributs, dans l'observation par les sens, en s'aidant de la méthode des phrénologistes, et de convaincre l'homme raisonnable que si la nature l'invite aux jouissances de l'amour-propre, de la possession, du pouvoir, du commandement, elle lui fait un devoir non moins agréable à remplir, puisqu'elle y attache un plaisir égal, de la justice, de la fidélité aux engagements, de la commisération, de la bonté, de la reconnaissance, du respect pour le savoir et pour le malheur.

Cette morale, fondée sur la physiologie du cerveau, et que le système des impulsions viscérales ne pouvait fonder, ne laisse rien en arrière, et dans l'application, n'est point exposée aux omissions que nous avons signalées dans celle de M. le colonel Raucourt. Il avoue bien que la santé, les honneurs, les richesses, etc., contribuent au bonheur lorsque ces avantages *sont vivifiés et soutenus par la puissance morale*, ou lorsque le *moi est intelligent et qu'il sait bien exercer le savoir-choisir*, ou bien encore lorsque l'on *possède la connaissance de soi-même et le savoir-choisir parmi toutes les sensations possibles de l'homme existant, vivant, aimant et pensant*; mais ce n'est pas assez dire : M. Raucourt oublie que les maladies troublent les fonctions de son *moi divin*, et lui ôtent la faculté de choisir; d'où la conséquence, même d'après son système, que la santé est le premier des biens.

Il proclame son *moi* impeccable, et enseigne qu'il doit donner le bonheur et la véritable indépendance... C'est une erreur fondée sur la fausse supposition que le *moi* est indépendant des organes : l'organe du *moi* peut être atteint par l'état morbide, au point que l'homme ne se reconnaisse plus ou se croie multiple; le sentiment du *moi* peut disparaître entièrement. Il manque évidemment à notre professeur la connaissance des maladies du cerveau. D'autre part, des notions phrénologiques assez simples lui auraient appris que le *moi*, quoique parfaitement exprimé, peut être facilement séduit par les impulsions des instincts et des sentiments, lorsque les organes dont ces phénomènes dépendent sont très-forts, et que ceux de la volonté, du jugement, de la comparaison, de la conscience, se trouvent faibles. Dans ces conformations malheureuses, l'homme est incorrigible, et le *moi*, quoi qu'en dise le philanthrope, peut faire des fautes, parce qu'il est encore *incapable* de choisir.

Quant à l'assertion du même auteur, que les richesses, les honneurs, le pouvoir, la science, peuvent contribuer au bonheur, pourvu que le *moi* soit intelligent et *sache choisir*, elle n'est pas exacte. Il fallait dire, *puisse choisir*, car combien ne voit-on pas d'hommes parfaitement intelligents et d'ailleurs très-éclairés qui font le mal sciemment, et même en désapprouvant leurs actions! *Video meliora proboque, deteriora sequor.*

La phrénologie seule explique cette contradiction, en faisant voir que celui qui a pris l'habitude exclusive des jouissances que procurent les instincts et les sentiments d'égoïsme peut rester toute sa vie étranger à celles qui proviennent des sentiments supérieurs, quoi qu'il en ait les organes très-prononcés.

L'éducation améliorative du moral humain ne consiste donc pas uniquement à savoir distinguer le bien du mal : il faut que cette connaissance nous conduise à mettre en action les organes des sentiments supérieurs; en un mot, elle doit enseigner et perfectionner l'art de faire contracter l'habitude des bonnes actions. Tel est le sens dans lequel doit être prise la proposition par nous émise précédemment : *C'est en apprenant à l'homme à se connaître et à se servir de son intelligence pour gouverner son moral*, *que la phrénologie peut concourir à l'amélioration des mœurs.*

Malgré ces observations, qui, nous osons l'espérer, ne seront point prises en mauvaise part par M. le colonel Raucourt, il est juste de déclarer que nous devons de la reconnaissance à ce philosophe, pour avoir démontré, par la pratique, qu'en dirigeant les facultés d'observation, de comparaison, de réflexion, d'induction, sur les penchants, les affections, les sentiments, dans le but de les connaître et d'en réprimer les impulsions, l'homme se crée une occupation nouvelle, fort agréable, qui flatte son amour-propre, remplit avantageusement des loisirs dont les passions se [illegible]aient emparées pour le soustraire à l'ennui, et, définitivement, lui procure des victoires multipliées sur les plus communes et les plus tyranniques de ces passions.

PARIS. — IMPRIMERIE DE DEZAUCHE, RUE DU FAUBOURG-MONTMARTRE, N. [illegible].

www.ingramcontent.com/pod-product-compliance
Lightning Source LLC
LaVergne TN
LVHW010222230826
846091LV00008BB/3636

* 9 7 8 2 0 1 6 1 6 4 8 9 1 *